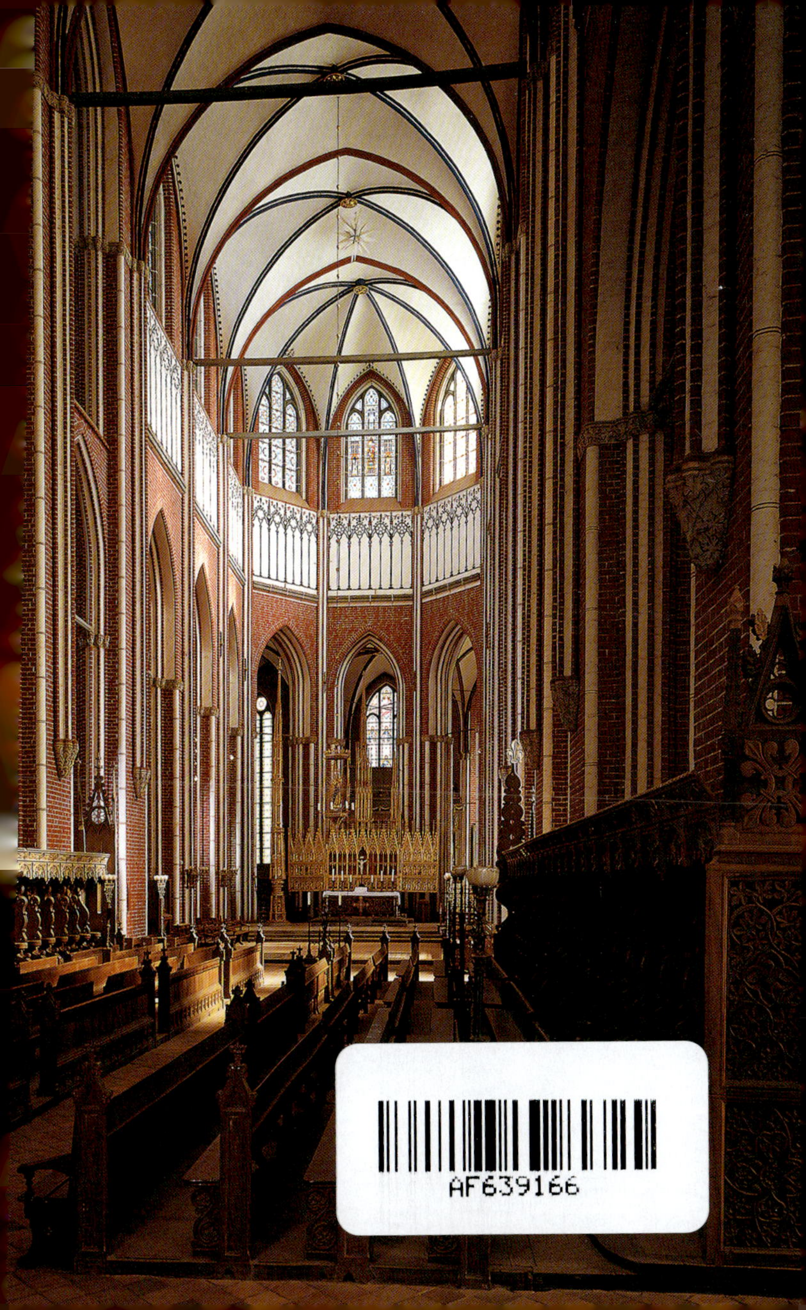

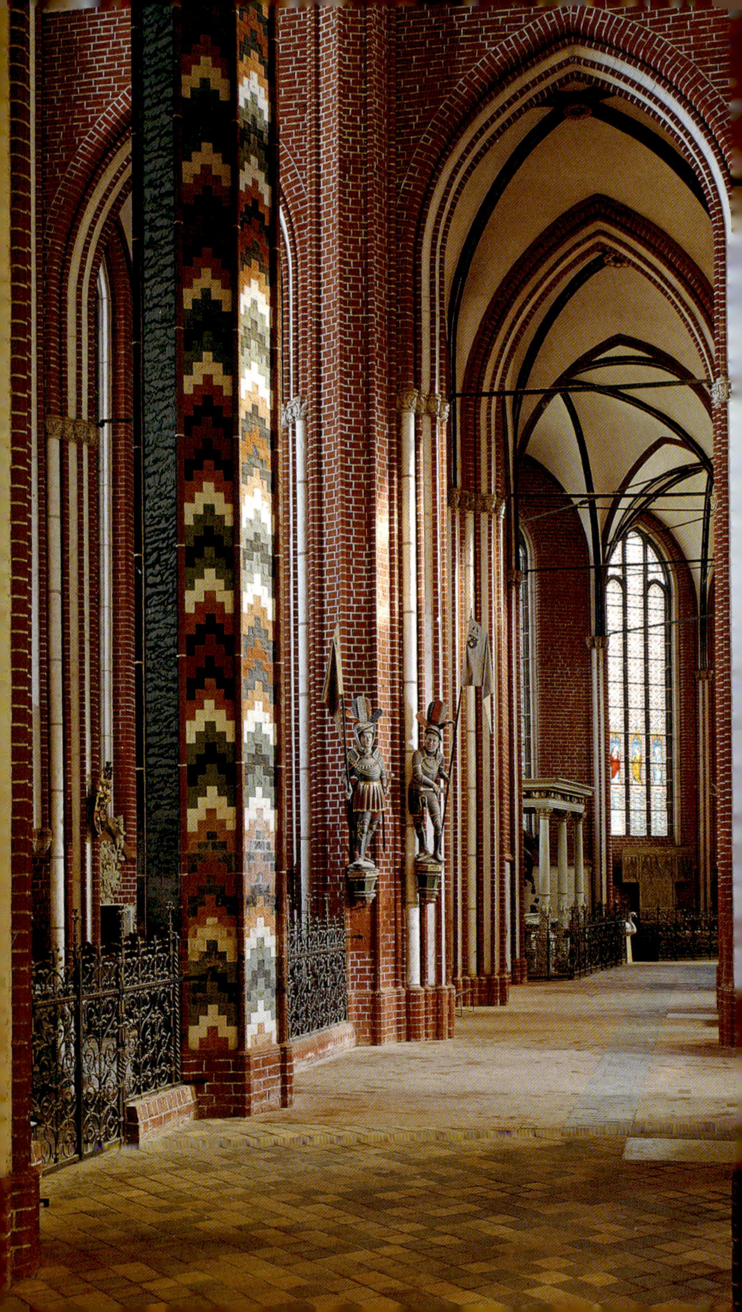

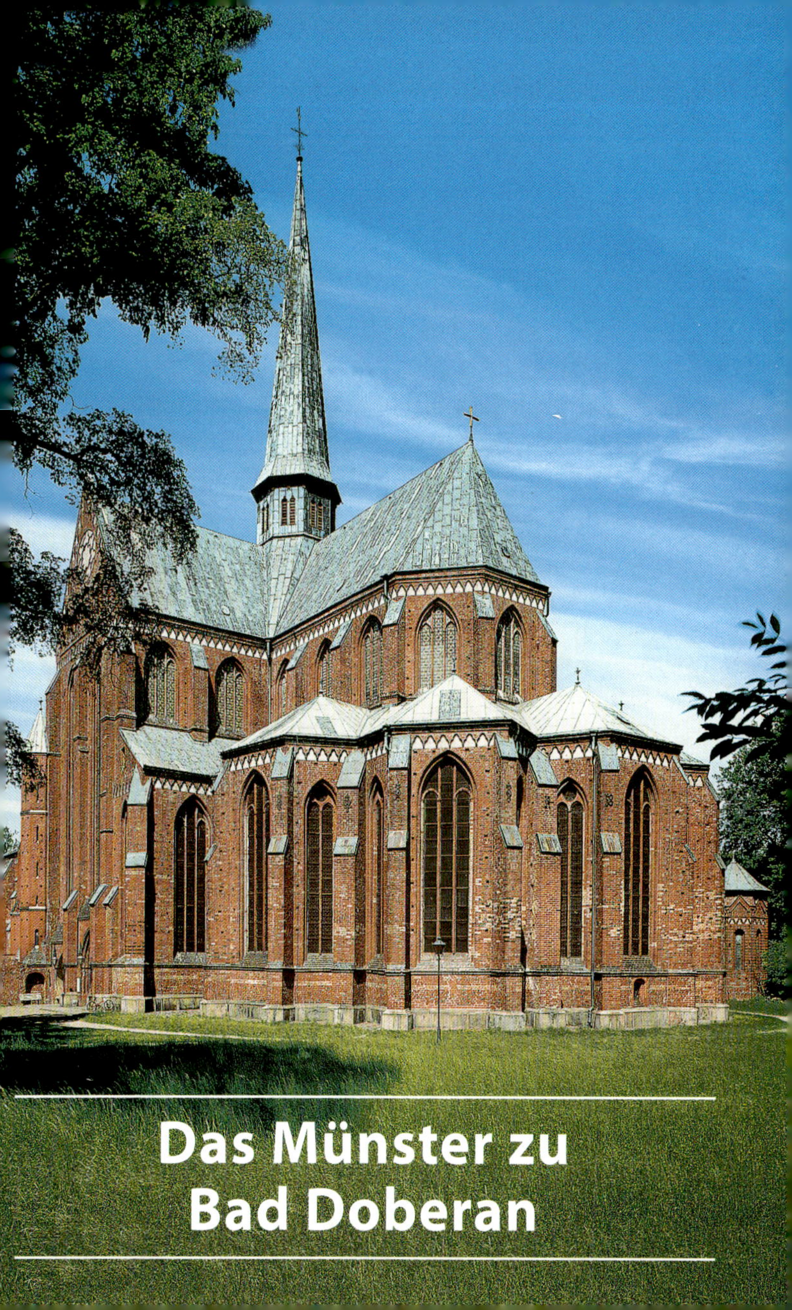

Das Münster zu Bad Doberan

Das Münster zu Bad Doberan

von Carl-Christian Schmidt

Die Stadt Bad Doberan verdankt ihre Existenz zwei wichtigen Entscheidu gen des mecklenburgischen Fürstenhauses. Zum einen war es die Gründun des Zisterzienserklosters am Ende des 12. Jahrhunderts und zum andern di Errichtung des ersten deutschen Seebades am Heiligen Damm 1793. Noc 1487 rühmte ein Provinzialkapitel der Zisterzienser Doberan als das reichst und glücklichste Kloster Norddeutschlands, das Seebad leitete die Entwic lung des »Flecken« Doberan zur Stadt ein.

Geschichte von Kloster und Kirche

Noch 1170 vermerkt der Chronist Helmold von Bosau: »Mecklenburg ist ei Land des Mangels und des Hungers, wo der Sitz des Satans und aller böse Geister ist.« Das Erstere stimmte, das Zweite seiner Äußerung war natürlic seine Sicht. Bis dahin war es vor allem ein Land, das immer wieder durc Kriegsgräuel an einer ruhigen politischen und wirtschaftlichen Entwicklun gehindert worden war. So war auch die Landwirtschaft des Landes schwac und zurückgeblieben. Mit ihrem hölzernen Hakenpflug konnten die einhei mischen wendischen Bauern nur leichte Sandböden bearbeiten, die kärg lichen Ertrag brachten. Dem damaligen Herrn von Mecklenburg, Pribislaw gelang es jedoch, die Geschicke des Landes in bessere Bahnen zu lenken ohne die eigenen Landsleute zu überfordern.

Sein Beweggrund, ein Kloster mit Zisterziensern zu gründen, ist unschwe zu erkennen. Pribislaw konnte damit für sein Land ein geistliches und zugleich ein wirtschaftliches Zentrum errichten. Darin werden ihn Herzog Heinrich der Löwe und der Schweriner Bischof Berno, selbst ein Zisterzienser, auch aus eigenem Interesse bestärkt haben.

Zu solchem Vorhaben waren in der Tat die Zisterzienser bestens geeignet. Sie waren durchaus noch in der Lage auf unbebautes Land zu gehen, um sich eine neue Heimat aufzubauen. Sie empfahlen sich durch ihre Laienbrüder, den Konversen, als hervorragende Landwirtschaftsexperten und Techniker, also als Entwicklungshelfer. Und sie konnten Prediger des Glaubens sein. So

Mönchschor mit Blick auf Chorgestühl und Hochaltar ▶

wird zunächst vom Landesherrn Pribislaw das Kloster 1171 in der heutigen Stadtrandlage Doberans in Althof gegründet.

Als Mutterkloster hat damals Amelungsborn den Gründungskonvent gestellt. Jedoch hatte diese Gründung zuerst keinen langen Bestand. 1178 verunglückte Pribislaw auf einem Turnier in Lüneburg tödlich. Darauf kam es in Mecklenburg zu politischen Wirren. Sein Sohn Heinrich Borwin und seines Bruders Sohn, Nikolaus von Rostock, gerieten über die Teilung der Herrschaft miteinander in Streit. Dabei machten sich Aufständische 1179 die unklare politische Situation zu Nutze, zerstörten das erste Kloster und ermordeten die Mönche. Das Kloster bestand wohl nur aus Holzbauten. Der Gründerkonvent wird über das Fundament einer steinernen Kirche kaum hinausgelangt sein. Von den Anfängen in Althof zeugt nur das Grab der Woizlawa († 1172) in der Kapelle. Sie war die Ehefrau des Klosterstifters Pribislaw. Die Kapelle wurde im 14. Jahrhundert errichtet, erneuert um 1460, wiederhergestellt ab 1822.

Nikolaus von Rostock († 1200) sorgte dann im Einvernehmen mit Heinrich Borwin dafür, dass im heutigen Bad Doberan am 25. Juni 1186 die Amelungsborner Zisterzienser einen neuen Anfang machen konnten.

Nun entwickelte sich das Kloster nicht zuletzt dank des Wohlwollens der Landesherren und später auch des Adels und der Kaufherren in Lübeck, Wismar und Rostock zu »unserer schönen Abtei«, wie das Volk einmal gesagt hat. Mit Genehmigung des seit 1200 allein regierenden Heinrich Borwin hatte es dazu seit 1218 durch Einladung von siedlungswilligen Bauern aus Westfalen und Niedersachsen die bäuerliche Wirtschaft konsequent ausgebaut. Wendische wie deutsche Bauern erfreuten sich während der Klosterzeit bester sozialer Bedingungen. »Unter dem Krummstab ist gut wohnen«, galt auch hier.

Zur Baugeschichte des Klosters

Nach der Wiedereröffnung veranlassten Abt und Konvent mit Hilfe von Vertragsarbeitern aus Bauhütten einen zügigen Aufbau der Klosterkirche in Backstein. 1232 konnte das »hulzerne Münster« geweiht werden. Gemeint ist eine im Vergleich zum gotischen Münster kleinere steinerne Kirche, noch romanisch, mit Holzdecke. In Dänemark steht noch heute eine vergleichbare Kirche im Lögumkloster.

Die **Klausur mit Kreuzgang** wurde von 1240–1250 auf der Südseite der Kirche errichtet. Dazu gehörten der **Ostflügel** vor dem südlichen Kreuzschiff,

◀ *Blick nach Osten ins nördliche Querhaus und in den nördlichen Bereich des Kapellenkranzes*

das Haus der Mönche: mit Sakristei, Kapitelsaal, Sprechsaal im Erdgeschos und Schlafsaal im Obergeschoss; im **Südflügel**: Küche, Wärmeraum, Speise saal, Brunnenhaus; im **Westflügel** waren ähnliche Räumlichkeiten für di Konversen mit eigenem **Konversengang** zum romanischen Westportal de Kirche; längs des südlichen Seitenschiffes der Lesegang. Am **Ostflüge** schlossen sich **Mönchsspital** und **Latrinengebäude** an. Weiter nach Süd osten **Novizenhaus** und das Wohnhaus des Abtes, die **Abtei**. Bis 1250 wir die Klausur komplett gestanden haben, das Abtshaus aber erst ca. 1285. Vo der ganzen Klausur ist nur der Rest, die Bogenmauer, vor dem neuere **Hauptportal** (1856) übrig geblieben.

Weitere Bauten im Kloster sind: das westliche **Haupttor** (1247) mit **Tor kapelle** (um 1247, von der Kapelle nur noch ein Mauerrest); das Gästehau (um 1285, nicht mehr vorhanden) im Vergleich mit Bau-Ensemble andere Klöster des Ordens (z. B. in Citeaux das Haus des Herzogs von Burgund – Domus ducis burgundiae) könnte es in Doberan identisch mit dem 1656 er wähnten »fürstlichen Haus« sein. Dieses wurde 1791–1793 durch das **Amtshaus** ersetzt, jetzt kirchliches Gemeindezentrum; der **Hengstenstall** (14. Jh.) das **Beinhaus** (Karner) auf der Nordseite der Kirche (um 1250); im Süden das Kornhaus (1270/80) und das mächtige **Wirtschaftshaus mit Mühle** (um 1280), seit 1979 Brandruine (Wiederaufbau vorgesehen), das **Siechenhaus** im Nordwesten (1285/90), seit 1852 Ruine. Dazu gehörten noch viele **Werkstattgebäude**, die alle verschwunden sind. Die noch fast komplett vorhandene **Ringmauer** mit einer Länge von 1400 Metern wird ab 1290 das ganze Kloster umschlossen haben.

Zur Baugeschichte der Kirche

Am 30. Mai 1291 schlug der Blitz ein, vermutlich in die Klausur. Die Mönche gerieten in große Not, wie der Chronist der Lübecker Stadtchronik berichtet. Wie wir jetzt wissen, stand der Neubau des gotischen Münsters 1291 als Rohbau schon kurz vor der Vollendung.

Dendrochronologische Untersuchungen des zu 70% originalen Dachstuhls über dem Hochschiff belegen, dass um 1297 der Rohbau des Münsters beendet war. Folglich wird das gotische Münster früher fertiggestellt worden sein als bisher angenommen. Die Kirchbergchronik berichtet für 1294, dass Abt Johann von Dalen das »hölzerne« Münster niederbrechen ließ, um es

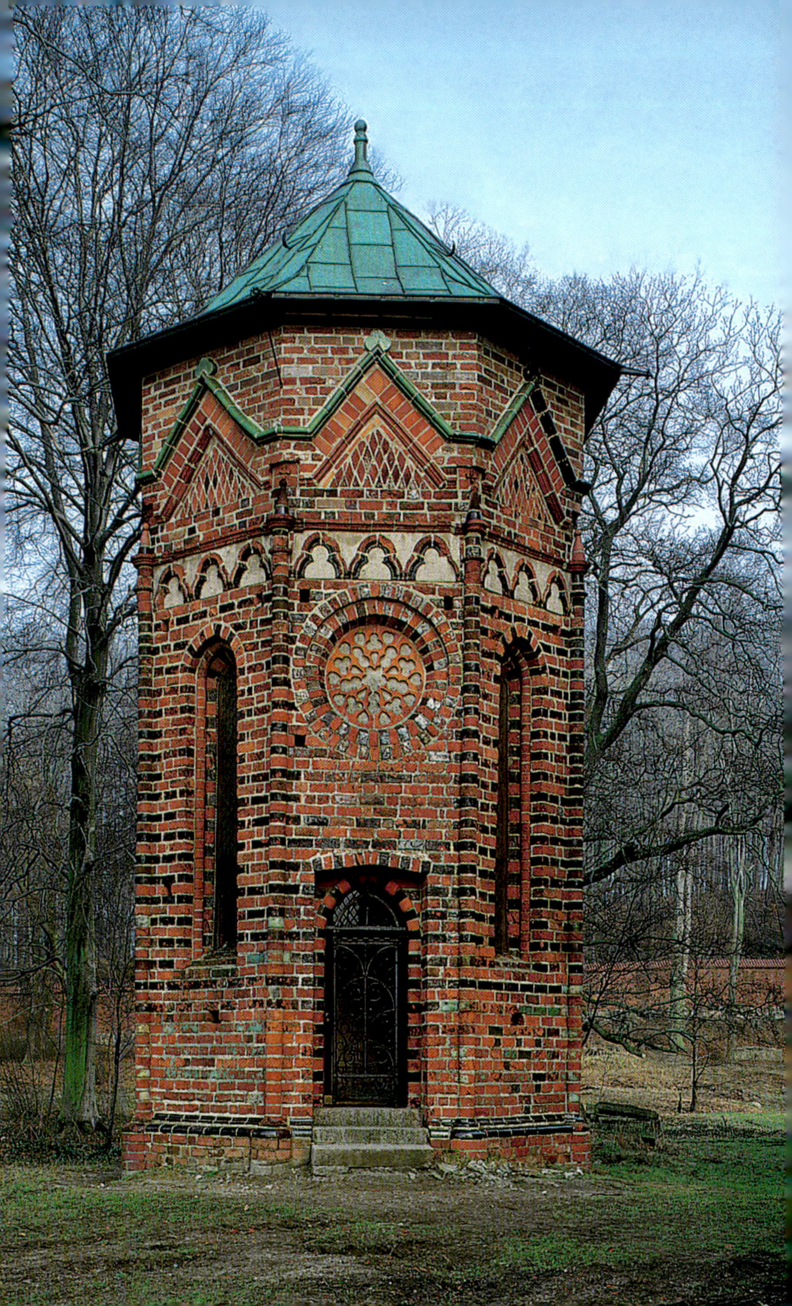

»schön und steinern« wiederaufzurichten. Gemeint ist damit aber der dama noch vorhandene, wohl schon lange entbehrliche Restbau der Vorgänge kirche. Das Münster ist somit das früheste gotische Kathedralbauwerk i Mecklenburg-Vorpommern. Baubeginn muss entsprechend früher, also vc 1270 gewesen sein. Das Baukapital betrug um 1290 11.000 Mark lübisch, ob wohl schon Jahrzehnte zuvor mit abschnittsweisen Unterbrechungen in die sen Großbau investiert wurde (2008 bewertete die Bundesbank eine Mar lüb. Silber mit ca. 950,00 Euro). Gebaut haben nicht die Mönche selbst, son dern wieder Vertragsarbeiter aus Bauhütten, die entlohnt wurden.

Man hatte sich nicht weniger vorgenommen, als ein Werk der gotische Baukunst zu errichten, orientiert an den französischen Kathedralen. Es ent stand eine Kirche, die die Funktionen der Bauteile und ihre innewohnender Kräfteströme sichtbar macht. Ihre Proportion 2 : 1 von Haupt und Glied läss die Größe ausgewogen erscheinen. Der Mensch, als Ebenbild Gottes, gibt da Grundmaß (Elle und Fuß) an. Das ist das Geheimnis von Schönheit und Sa kralität dieser Klosterkirche. Mehrere Mönchsgenerationen haben diese Bau wachsen sehen. Die Kirche ist 78 m lang, im Kreuzschiff 39 m breit. Da Hauptschiff ist 26 m hoch, ein Seitenschiff etwa 12,50 m.

Um 1297 hatte man Richtfest der Hochschiffe gefeiert. Dann folgte der Einbau der Gewölbe. Um 1300 standen die wichtigsten Ausstattungsstücke, wie der Hochaltar (noch ohne Apostelreihe) und das Chorgestühl zur Verfügung. Aber es sollten noch 70 Jahre vergehen, bis die Kirche ihre abschließende Weihe erhalten konnte.

Die Zeiten nach 1300 wurden durch die Folgen des Klimawandels hin zur sogenannten »kleinen Eiszeit« (1250–1900) bedrohlich und türmten schier unüberwindliche Hindernisse auf, so dass an eine Weihe offenbar nicht zu denken war. Es gab z. B. soziale Konflikte hinter und auch außerhalb der Klostermauern; dazu bestimmten Missernten und Hungersnöte das Jahrzehnt zwischen 1310 und 1320, schließlich brachte in der Mitte des 14. Jahrhunderts wiederholt die Pest das öffentliche Leben zum Erliegen. Die ganze Kirche wurde trotzdem schon lange genutzt. Am 4. Juni 1368 erfolgte unter zahlreicher Teilnahme der Bevölkerung die Schlussweihe der Kirche durch Friedrich II. Bischof von Schwerin. Bis 1552 haben Mönche das Gotteslob in ihr gesungen; seit der Auflösung des Klosters die Ev.-luth. Kirchengemeinde.

Sanktuarium mit Sakramentshaus und Hochaltar ▶

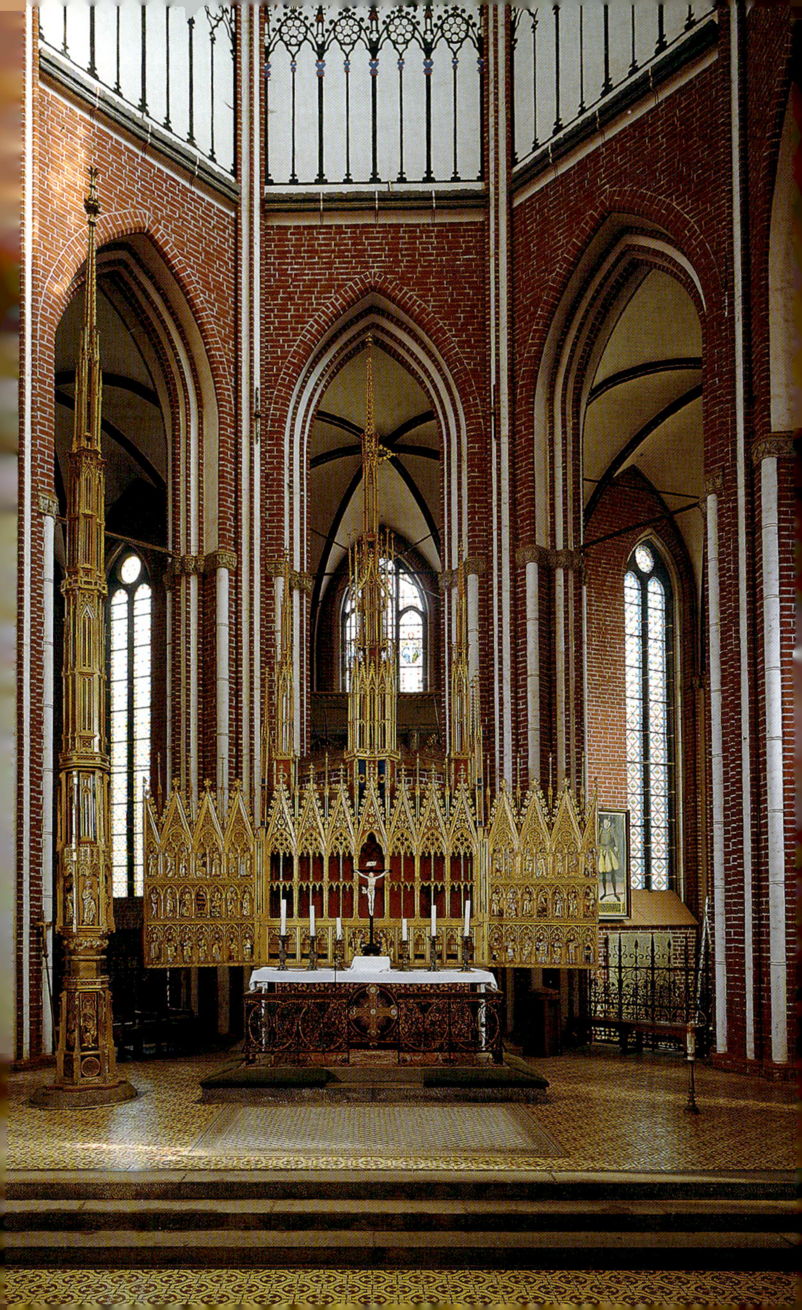

Spätere Schicksale von Kloster und Kirche

Das Kloster gewann bald an Ansehen. Es war ein Wirtschaftsfaktor erste Ranges in Mecklenburg geworden. Seine Tätigkeit ging weit über die Gren zen seiner Grundherrschaft hinaus. Es hatte in Rostock, Wismar und Lübec eigene Klosterhöfe. Diese waren privilegierte Handelsniederlassungen fü die eigenen Produkte. Im fernen Lüneburg hatte das Kloster viele Anteile a der Salzgewinnung. Geistliche Rechte und Pflichten hatte es durch zahlrei che Patronate über Dorfkirchen. Die volkstümliche Zusammenfassung de Mönchsregel »Bete und arbeite« beschrieb nicht nur innerklösterliche Ver haltensweisen; seelsorgerliche und wirtschaftliche Tätigkeit war auch nach außen gerichtet. Dies alles führte schließlich auch dazu, dass das 15. Jahr hundert das Kloster Doberan und seine Äbte in vorderster Front der Reform der Kirche an Haupt und Gliedern sah. Hier wäre besonders Abt Hermann Bockholt (1404–1423) zu nennen, der als »regeltreuer« Abt schließlich zum Visitator anderer Zisterzienserklöster rund um die Ostsee (!) bestimmt wird. Diesem Ansehen des Klosters und seiner Äbte entspricht es auch, dass sie einer der Konservatoren der neugegründeten Rostocker Universität (1419) wurden.

Dennoch setzte um die Wende vom 15. zum 16. Jahrhundert der allgemeine Niedergang dem Kloster sehr zu. Zwei Aussprüche jener Zeit vermitteln den richtigen Eindruck: »Reiten und rauben ist keine Schande, das tun die Besten im Lande.« Und der letzte Stargarder Herzog († 1471) klagte auf seinem Sterbebett: »O Gott, wie ist man gerannt für vier Bretter und ein Laken!« Die Reformation setzte dann auch dem Doberaner Kloster endgültig 1552 ein Ende. Einige Mönche übernahmen Pfarrstellen. Abt Nikolaus Peperkorn zog sich in das Tochterkloster Pelplin bei Danzig zurück. Der Herzog Ulrich III. von Güstrow übernahm schließlich das Kloster als Wirtschaftsbetrieb. Er verhinderte den Abbruch des Klosters und sorgte 1580 für eine Generalinstandsetzung, vornehmlich der Kirche. Da sie nur von etwa 100 Bediensteten des Klosteramtes für den lutherischen Gottesdienst benutzt wurde, blieb die Einrichtung von einschneidenen Veränderungen verschont. Eine Renaissancekanzel, eine hölzerne Taufe und eine neue Orgel (1600) wurden eingebaut.

Erst der Dreißigjährige Krieg (1618–1648) brachte besonders in seinen letzten zehn Jahren auch über das Klosteramt Tod und Verwüstung. Es wurde

Oktogon und Grabkapelle hinter dem Hochaltar, gegenüber Treppenaufgang zum Adolph-Friedrich-Grabmal ▶

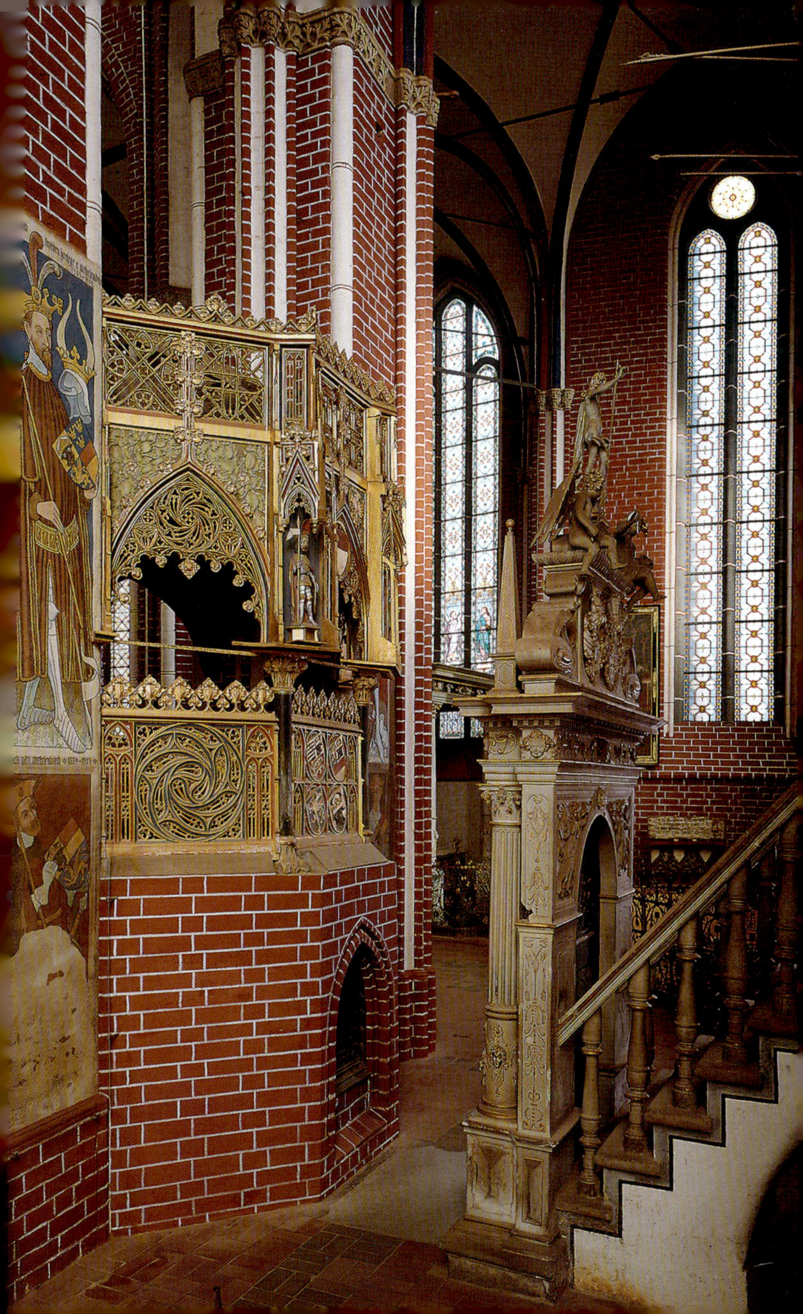

geplündert, demoliert und abgebrochen. Selbst die Dächer wurden nicht verschont. Die Spitze des Dachreiters hatten plündernde Soldaten abgehauen, weil sie im Knauf einen Schatz vermuteten. Zuvor hatten sie schon einen Pfeiler aus demselben Grund aufgebrochen. Die silbernen Heiligenfiguren aus dem Altar hatten sie geraubt. Als Pastor Eddelin sie vor der Kirchenschändung warnen wollte, sollen sie ihm hohnlachend geantwortet haben, »er als protestantischer Pastor müsste ja wohl das Wort Jesu an die Apostel kennen. Der habe sie aufgefordert, in alle Welt zu gehen. Wenn sie jetzt diese Figuren mitnähmen, dann gingen sie in alle Welt«. Den eigentlichen und zu Recht vermuteten Schatz haben sie nicht gefunden. Ihn fand man 1804 beim Nachgraben in den Fundamenten des alten Abtshauses (Südostecke des Parkplatzes). Diese Gold- und Silbermünzen sind in der ersten Hälfte des 16. Jh vom Abt versteckt worden. 1648 sind die Klostergebäude sämtlich ruiniert, und selbst die Kirche ist ohne intaktes Dach, weil die Kriegsparteien das Kupfer und Blei heruntergerissen hatten.

Nach ersten Reparaturen an Dach und Turm konnte unter Verwendung eines Bußgeldes, aus dem Herzog Adolf-Friedrich 2000 Gulden zur Verfügung stellte, 1652 das Dach der Kirche gründlich instand gesetzt und die bereits geborstenen Gewölbe verkeilt und saniert werden. Viele Klostergebäude aber waren nicht zu halten und wurden auf Verschleiß genutzt und bis etwa 1808 zur Materialgewinnung abgetragen, große Teile des Kreuzganges schon um 1680.

Noch 1656 (!) wurden alle Gebäude in einem Baubericht zwar als lädiert, jedoch als noch vorhanden beschrieben. Dieser Krieg hatte das Land schwer getroffen. Die Zäsur ist so scharf, dass es von dem einst so glanzvollen Kloster keine nennenswerte Sage gibt. Man hat den Eindruck, als sei durch den Krieg das Gedächtnis früherer guter Jahre völlig erloschen. Einen Neubeginn gab es mit Großherzog Friedrich Franz I. als er Doberan zur Sommerresidenz machte und 1793 das Seebad am Heiligen Damm gründete.

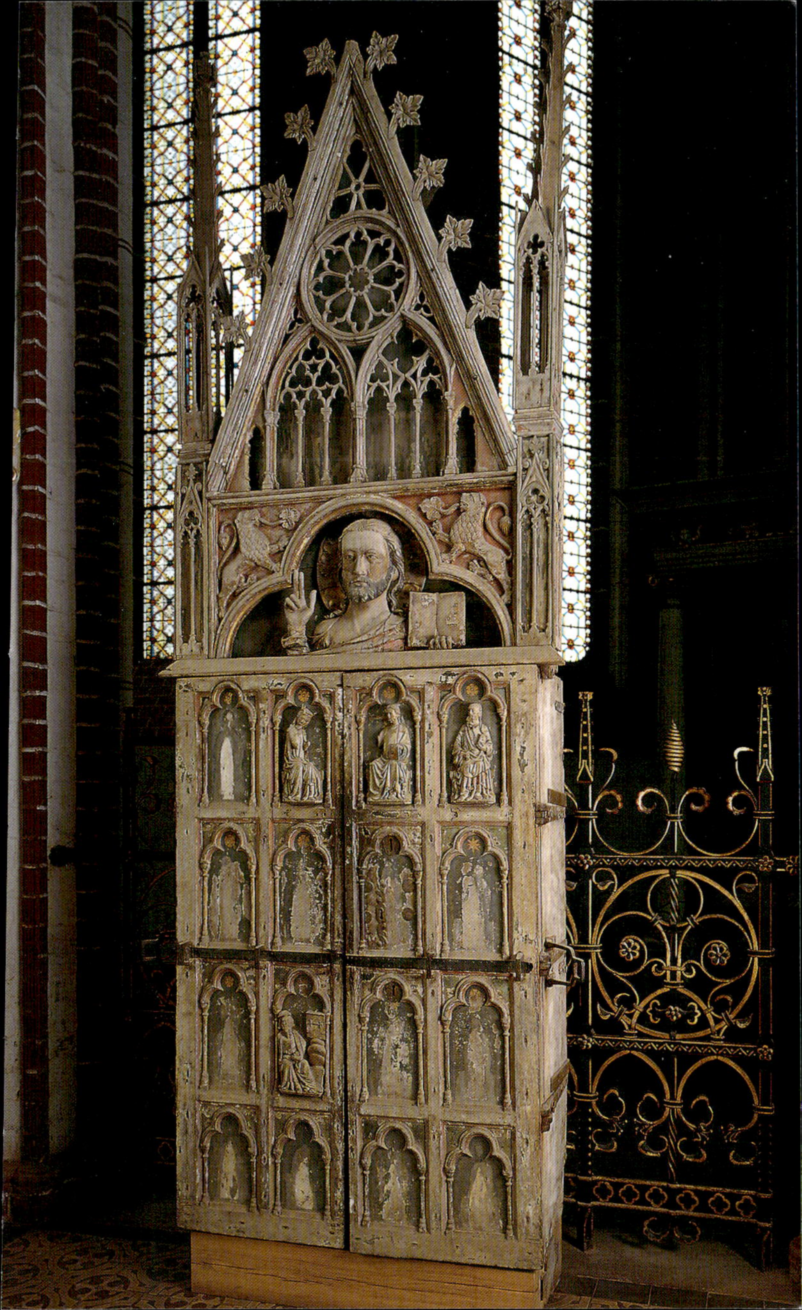

Die Kirche

Auf die Baudaten der Klosterkirche wurde bereits hingewiesen. Im Mittelalter wurde der Besucher des Klosters durch den Bruder Pförtner durch das im Westen gelegene Haupttor eingelassen. Frauen durften zunächst den Klosterbezirk nicht betreten, hatten sich dann jedoch mit ihrem Wunsch zum Besuch des Münsters teilweise durchsetzen können. Abt Gerhard von Clairvaux nämlich genehmigte ehrenwerten Frauen und Frauen von Stand 1385 als päpstlicher Kommissar den Besuch der Kirche (nur für den Bereich der Konversen) zum Kirchweihfest, aus Anlass von Beerdigungen und zu deren Jahrestagen. So lange hatten sie sich allein mit der Torkapelle begnügen müssen.

Der Weg führte den Besucher am **Gästehaus** vorbei über den Bach auf das nordwestliche Portal des Münsters zu. So haben die Menschen die monumentale Westwand als erstes gesehen. Sie repräsentiert das Münster als eine dreischiffige, der Ordensregel entsprechend turmlose Basilika. An der Westwand des südlichen Seitenschiffes ist noch der Rest der Westfassade der Vorgängerkirche mit dem romanischen Rundbogenportal, einem entsprechenden Fries und einem Giebelrest erkennbar. Neben dem Treppenturm gingen die Konversen durch dieses Portal in die Kirche. Ihr Gebäudetrakt ging bis an den Treppenturm. Über dem gewaltigen Westfenster ist ein klar gegliederter Giebel. Im Giebel befindet sich die Uhr mit einem Schlagwerk, bestehend aus zwei Glocken, für die Viertelstunde und die volle Stunde. Zur vollen Stunde schlägt die größere mit dem MEMENTO: »STUNDEN GEHEN; STUNDEN KOMMEN / HORCH ICH KÜNDE TREU SIE AN! WIE DEM BÖSEN / WIE DEM FROMMEN / KOMMT DIE LETZTE – WEISST DU WANN?«

Am nördlichen Seitenschiff traf der Besucher auf ein Portal, die **Besucherpforte**. Vermutlich war hier an der einzigen, für die Öffentlichkeit zugänglichen Tür, der bronzene Löwenkopf mit dem Ring angebracht (jetzt an der Sakristeitür). Es handelt sich dabei nicht um einen Türklopfer, sondern um ein selten gewordenes Symbol der Rechtsgeschichte. In den Ring musste der neue Klosterbauer fassen, wenn er dem Abt Treue und Gehorsam versprach. Das Kloster wiederum nahm die bäuerliche Familie in sein »Schlepptau« und versprach Hilfe und Schutz in unverschuldeter Not. Der Löwenkopf ist zugleich ein Christussymbol: Christus als Richter, der über Recht und Gerechtigkeit wacht. Der »Physiologus« – ein Buch über frühchristliche Tiersymbolik –

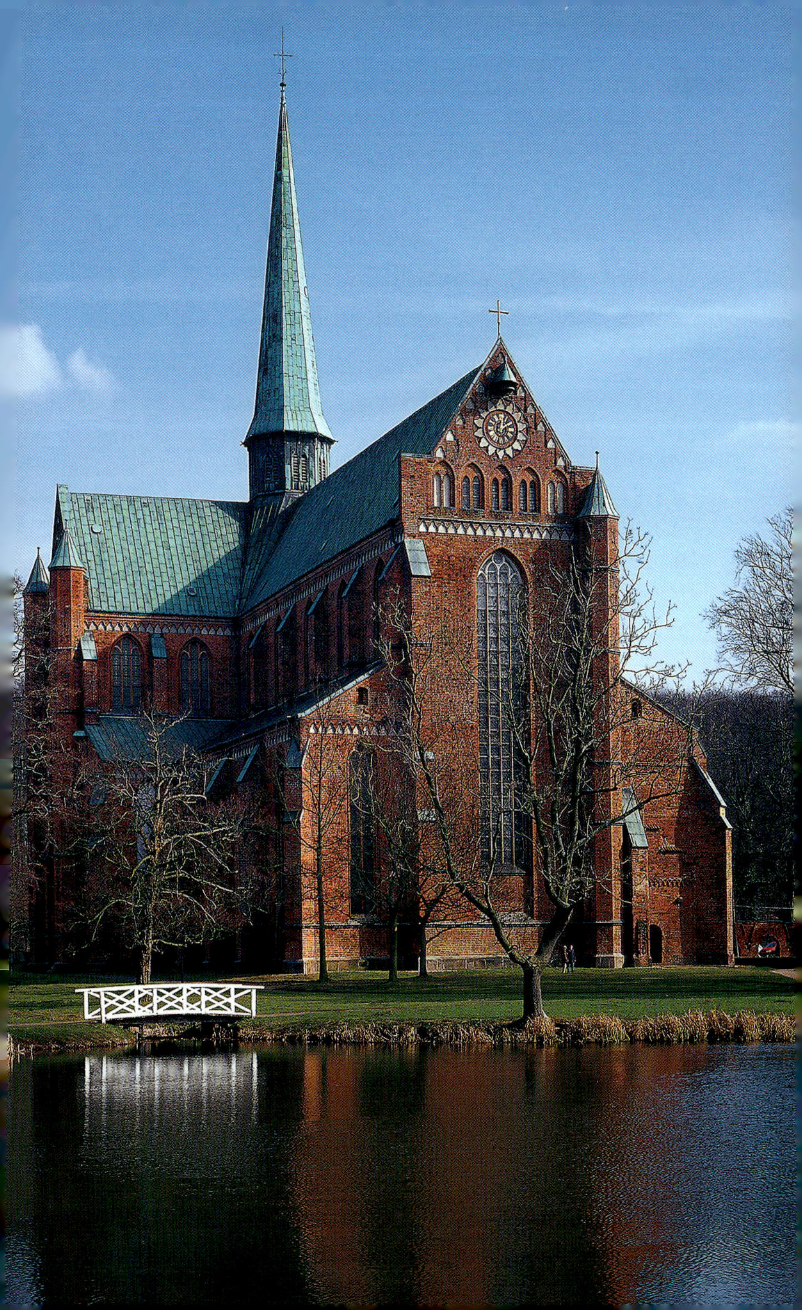

sagt vom Löwen, dass er folgende Eigenart habe: »Wenn der Löwe in seine Höhle schläft, dann wachen seine Augen, denn sie sind offen.«

Heutzutage können wir über den Mönchsfriedhof weitergehen, der damals verschlossen war. Jetzt stehen wir vor der nördlichen Fassade des dreischiffigen **Kreuzschiffes**. Es ist eine prächtige Fassade, zwar auch nötig aus statischen Gründen, dennoch ist diese Fassade gerade vor den Gräbern der Mönche als bewusste Gestaltung, symbolisch als Abglanz der Tore des himmlischen Jerusalem zu verstehen (Offenbg. 21,21). Zwei Treppentürme übernehmen hier stabilisierende Funktionen und lösen zugleich elegant das Problem, auf die Böden von Seitenschiff und Chorumgangskapellen zu gelangen. Aber nicht nur von außen ist diese Fassade bedeutsam. Denn hinter ihr befindet sich die ursprüngliche mittelalterliche **Grablege** des mecklenburgischen Fürstenhauses. Der mittlere achtseitige Pfeiler leitet wie sein Pendant auf der Südseite den Schub der Gewölbe der Vierung auf den äußeren Strebepfeiler. Beide Pfeiler tragen wohl eine symbolische Bemalung. Die gewaltigen Fenster, eines davon ist das längste der ganzen Kirche, lassen viel Licht in die Begräbnisstätte. Das Portal ist die **Totenpforte**, durch die der verstorbene Mönch zur seiner Ruhestätte auf dem davor liegenden Friedhof getragen wurde.

Am Mönchsfriedhof steht eines der wenigen in Norddeutschland (neben Hardehausen) erhaltenen **Beinhäuser**, der **Karner**. Um die **Chorumgangskapellen** herum gelangen wir zum neuen **Hauptportal** (1868) in der südlichen Fassade des Kreuzschiffes. Die Fachleute haben bis heute kein klares Urteil, ob diese Kapellen ein durchgehendes Dach verbunden hat oder ob die jetzige Dachlösung aus der Restaurierung des 19. Jahrhunderts die ursprüngliche ist. Im Sinne der zisterziensischen Baugesinnung (Pontigny) könnte hier wohl ein durchgehendes Dach erwartet werden, das die einzelnen Chorumgangskapellen weniger betont.

Den Giebel des Kreuzschiffes schmückt eine wohl **einmalige Rosette eines Siebenpasses**. Hier schloss sich der Ostflügel der Klausur an. Im Mauerwerk ist der alte Dachansatz deutlich markiert, besonders am mittleren Strebepfeiler. Ende des 19. Jahrhunderts wurde durch den damaligen Generalrestaurator Möckel aus Dresden sehr gründlich gearbeitet. Vor allem galt es, die Narben zu schließen, die durch den Abriss der Klausur entstanden waren. Außerdem war hier eine gefährliche Schwächung der Standfestigkeit

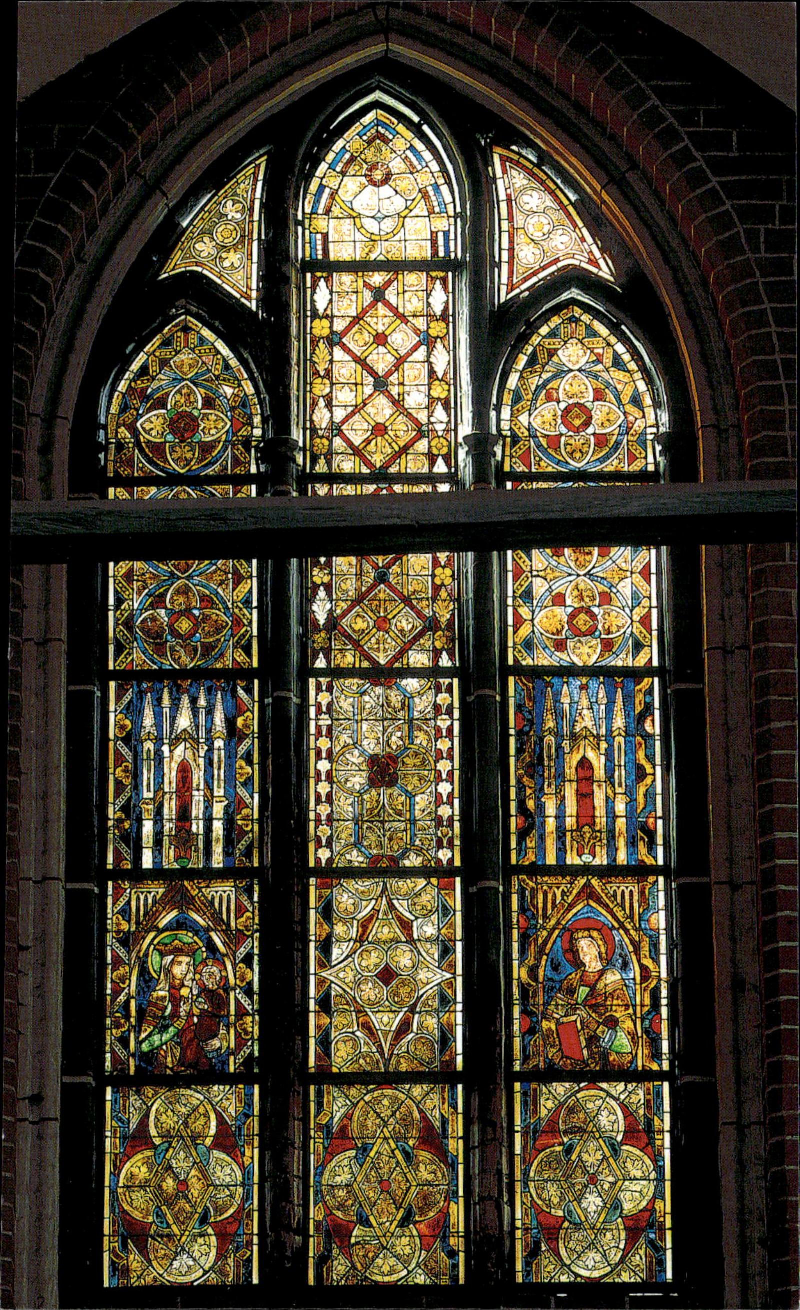

zu beheben. Während das südliche Kreuzschiff auf seiner Ostseite in seinem Seitenschiff ein Widerlager besaß, musste es dies durch den Abriss des Kreuzganges auf der Westseite entbehren. Die Folge war ein gefährlicher Riss, der noch an der inneren Westwand von oben bis unten fast durchgehend zu sehen ist. Daher folgte die großherzogliche Regierung in Schwerin 1893 dem Rat Möckels, den fehlenden Bauteil durch den Anbau von Sakristei und darüber liegendem Konventssaal mit kleinem Treppenturm als westliches Seitenschiff wieder herzustellen. Die Fenster des Kreuzschiffes über dem jetzigen Hauptportal konnten nun tiefer heruntergezogen werden. Vormals stieß in diesem Bereich das Dach des Mönchhauses an die Kirche. Im Innern ist in einiger Höhe noch die Tür zum Schlafsaal der Mönche (Dormitorium) zu sehen, von wo aus die Mönche über eine steile steinerne Treppe des nachts zum Gebet in die Kirche schritten *(anschauliches Beispiel Klosterkirche Arnsburg/H.)*.

Die bis dahin steileren Seitenschiffdächer verbargen bis 1885 gemauerte Strebebögen, die den Druck der Hochschiffgewölbe auf die Strebepfeiler der Seitenschiffe abzuleiten hatten. Der Dachansatz vor 1885 ist noch deutlich im Mauerwerk sichtbar, ebenso in den Ergänzungen im unteren Bereich der Obergadenfenster. Diese Strebebögen stellten sich aber für das Hochschiff als unnötig heraus, geradezu als Gefahr jedoch für die aufgehende Wand des südlichen Seitenschiffes. Diese entbehrte ebenfalls seit ca.1680 durch den Abriss des Kreuzganges ihres Widerlagers, so dass bereits 1788 die Strebepfeiler angelegt werden mussten. So meinte Möckel wohl zu Recht, auf die Strebebögen verzichten zu sollen. Zuganker über den Gewölben, originale und von Möckel ergänzte Jochbalken und nun seit 2009–2011 zusätzliche Edelstahlanker tun das ihrige. Drei Strebebögen ließ Möckel als »Baureliquie« an Stellen stehen, wo sie keinen Schaden anrichten können. Ihm verdankt die Kirche auch den neueren, zweifellos zu groß geratenen Dachreiter, nunmehr eher ein Vierungsturm zu nennen – der ursprüngliche war bescheidener. Darin hängen seit 2012 nunmehr vier Glocken: Die Glocke von 1301, unter dem Abt Johann von Elbing gegossen; die kleinste Glocke aus dem 15. Jahrhundert unbekannter Herkunft, ursprünglich für die Friedhofskapelle 1952 beschafft vom Glockenfriedhof Hamburg; zwei neue Glocken mit den Inschriften früherer Glocken, gegossen 2011, Firma Bachert, Karlsruhe.

Grabtumba König Albrechts III. von Schweden und seiner Gemahlin Richardis ▶

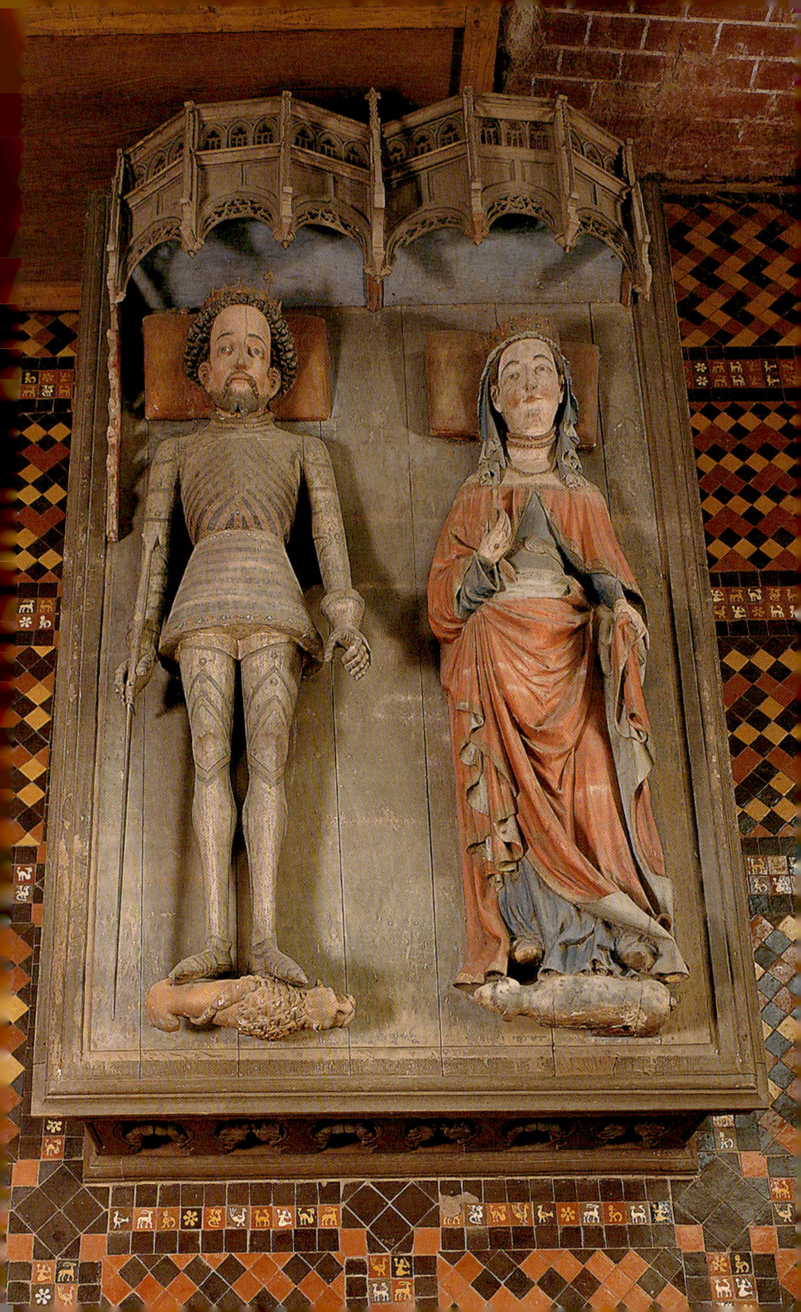

Der Anblick, der sich dem Eintretenden im **Innenraum** bietet, ist überwältigend. Eine ausgewogene Proportion beherrscht den Raum. Der bunt bemalte **achtseitige Pfeiler** im Kreuzschiff erinnert den Weitgereisten an den Straßburger Engelspfeiler. Beim weiteren Hineingehen erwartet man nun die **Vierung**. Diese ist aber durch eine besondere Bauweise verstellt. Auf jede Seite der Vierung, in der Flucht der Langhauspfeiler, jeweils genau in der Mitte zwischen den letzten Sanktuariums- und ersten Langhauspfeilern, ist je ein Pfeiler von etwa 24 m Höhe aufgemauert worden, dazu Arkadenbögen wie eine Attrappe (*»Sanktuarium« präziser Fachbegriff für »Hoher Chor«*). Auf diese Weise wurde zusammen mit den Zentralpfeilern der Kreuzschiffarme eine große Stabilität in die Vierung gebracht. Über den Arkaden des Langhauses und der Kreuzschiffarme befindet sich dann zwischen Kaffgesims und Fenstersims das einem solchen gotischen Kirchentyp eigene Triforium. Hier ist es allerdings nur aufgemalt, aber in der Konsequenz dieses Baus unabdingbar. Alle Pfeiler, Wände und Gewölbe sind mit Kalkfarbe über Mauerfugen hinweg übermalt. Auch wenn der moderne Mensch sich an dem Backstein und seiner präzisen Vermauerung erfreuen möchte, das Detail hat letztlich vor dem Anspruch des Sakralen zurückzutreten. Die Ausmalung fungiert wie ein liturgisches Gewand. Aus gleicher Anschauung waren zum Beispiel zuvor schon zur Teilnutzung des Sanktuariums die Wände und Pfeiler provisorisch weiß gekalkt worden. Diese provisorische Erstausmalung ist noch über dem Gewölbe des Sanktuariums erhalten.

Die Ausführung des Kirchenbaus

Dies alles lässt sich heutzutage leicht mit Worten beschreiben, aber welche harte Arbeit der Bauleute steht dahinter! Solch ein Vorhaben bedurfte jahrelanger Vorarbeit, sowohl in der Planung als auch in der Materialbereitstellung. Denn fing man erst einmal an, wuchs ein solcher Bau verhältnismäßig schnell in die Höhe. Es sollte schnell ein für den Gottesdienst nutzbarer Bereich der neuen Kirche zur Verfügung stehen. Also mussten hier in Doberan alle Baumaterialien – vom Kalk aus den Brodhäger Gruben und seiner Aufbereitung über die großen Back- und Formsteine bis hin zum Bau- und Gerüstholz – auf drei Jahre im Vorrat vorhanden sein. Für die jährliche **Baukampagne** stand gewöhnlich nur die Zeit von Ostern bis Michaelis (29.9.) zur Verfügung.

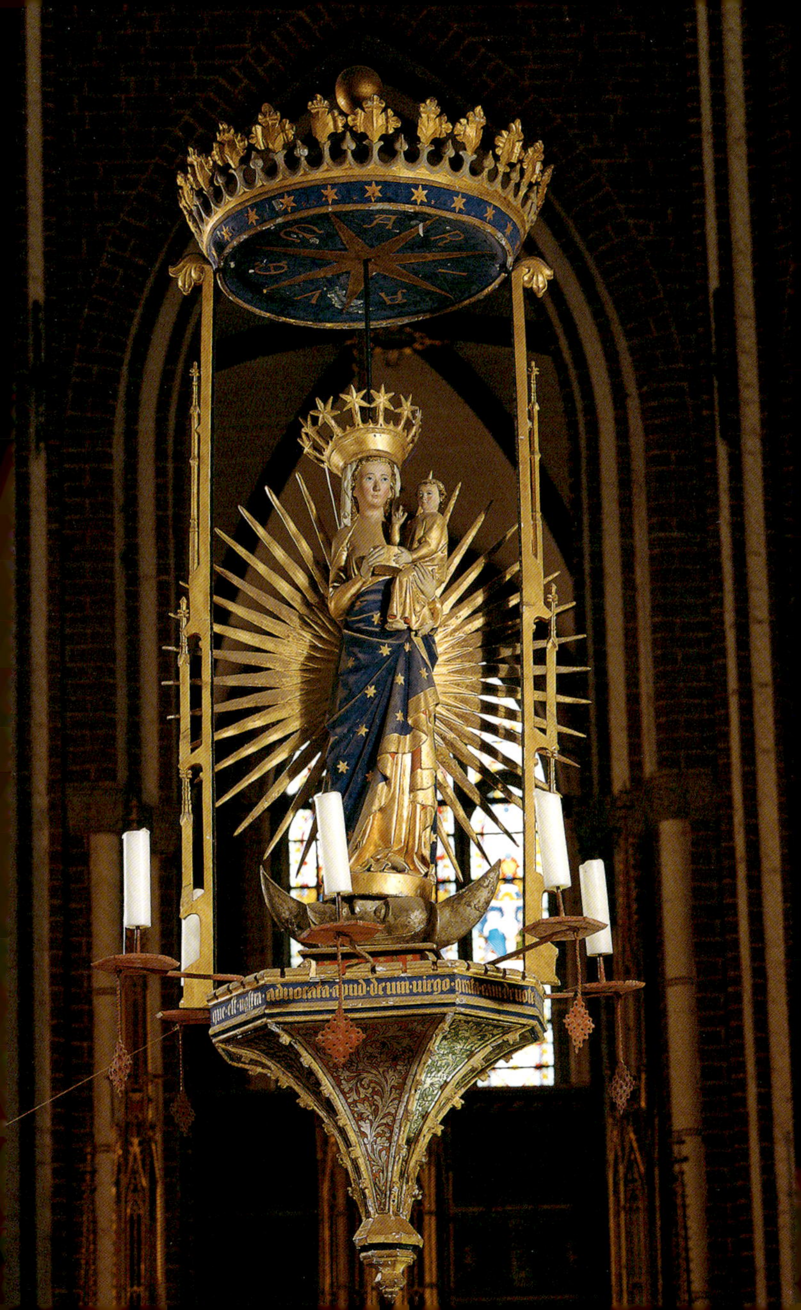
que·est·nostra·aduocata·apud·deum·virgo·

Das wohl schwerste Stück Arbeit war unter anderem die Fundamentierung. Da es sich in Doberan um reichlich Wasser führende Sand- und Schluffschichten handelt, wurden um den Fundamentbereich Spundhölzer eingeschlagen (keine Pfahlgründung), damit man dazwischen die Erdmassen ordentlich beseitigen (1,20 m bis 3,20 m tief) und die Grundfelsen lagern konnte. Dann schütteten die Bauleute Feldsteine auf das Felsenlager; alles in allem bis zu vier Schichten Felsmaterial. Darauf schüttete man ein Mörtelgemisch und schuf so eine erste Fundamentlage.

Kürzlich entdeckte man beim Nachgraben im nördlichen Bereich der Vierung eine ausgedehnte Fundamentplatte zwischen den Pfeilern. Möglicherweise stammt diese noch von der Vorgängerkirche. Auf den tragenden Fundamenten wurden nun Pfeiler und Wände in der Form weitergebaut, dass man zwischen dem Blendmauerwerk Ziegelbruch, fehlerhafte Ziegel, sogar ungebrannte Rohlinge einfügte. Das Ganze ist in einer Mörtelmischung verlegt, oder bei Ziegelbruch auch als Gussmauerwerk hergestellt. Natürlich gibt es in Abständen auch durchgehende Binderschichten aus guten Backsteinen.

Wir haben davon auszugehen, dass der Bau im Bereich des Sanktuariums begonnen wurde, während man bis zu seiner Fertigstellung noch die westlich davor liegende, schon teilweise zurückgebaute Vorgängerkirche weiter nutzte. Es ist zu vermuten, dass das neue Sanktuarium mit Fürstengrablege und Chorumgangskapellen in einer gewaltigen Anstrengung binnen 10–15 Jahren errichtet wurde. Danach gab es vermutlich auch in Doberan bis 1294 eine längere Baupause, wie wir sie auch von anderen Zisterzienser- und Domkirchen kennen. Um diesen noch nicht völlig fertiggestellten Bereich (noch ohne Gewölbe) schon nutzen zu können, wurde dieser vermutlich mit vorläufiger Bedachung versehen und vom übrigen Bau separiert. Außerdem wurde offenbar in Höhe des Kaffgesims eine provisorische Holzdecke verlegt, um am Hochschiff über diesem Bereich ohne Gefahr weiter arbeiten zu können. Darauf deuten massive Balkenlöcher und ein freihändig gezeichnetes **Doppelkreuzsignum** im Triforium des Sanktuariums hin. Es entstand vermutlich bei einem Besuch eines hohen kirchlichen Würdenträgers. Dieser Bereich in luftiger Höhe war wahrscheinlich betretbar. Den Bereich von Sanktuarium und wohl auch Fürstengrablege schloss man vorübergehend mit einer provisorischen Wand ab, um ihn für Gottesdienst und Chorgebet der Mönche nutzen zu können. So konnte der Konvent seinen Gottesdienst-

Kreuzaltar ▶

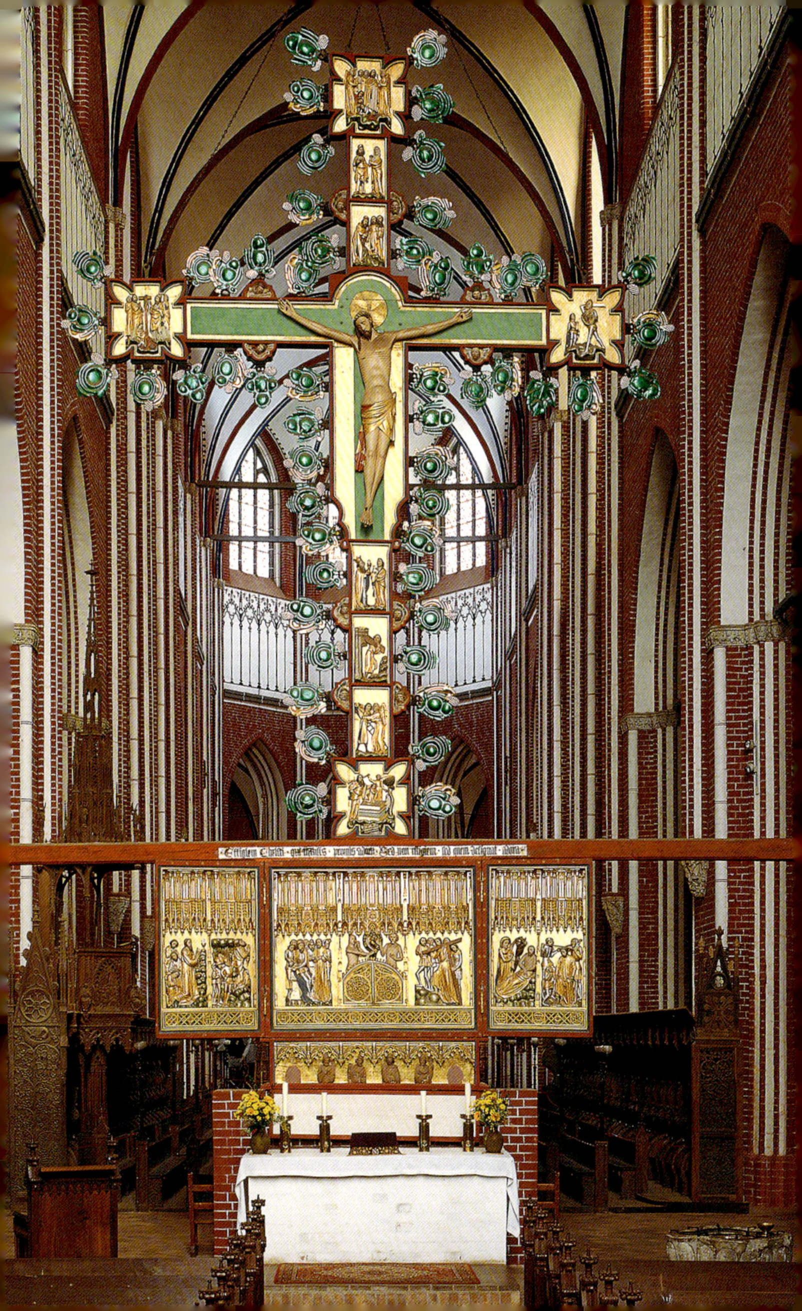

und Gedenkpflichten im neuen Sanktuarium und Fürstengrablege (**Pribislawkapelle**) bald nachgehen. Von da an wurde der Restbau der alten Kirche Stück um Stück ab 1294 endgültig zurückgebaut und ihr Material beim weiteren Bau des Münsters (Langhaus) und anderer Klostergebäude mit verwertet.

Hatte der gesamte Bau die Dachhöhe erreicht, setzte man das Dach darauf und zog Joch um Joch das Gewölbe ein. Nun waren noch die offenen Fenster zu schließen und die endgültige Ausmalung (1976–1984 rekonstruiert) auszuführen. Für die Fenster verwendete man bereits farbiges Glas mit Blattornamenten. In einer Stiftungsurkunde von 1302 bezeichnete der Landesherr Heinrich II. solche ausdrücklich als »anständige Fenster«. Diese wurden in der klostereigenen Glashütte hergestellt.

Ausstattung

Das Münster birgt heute europaweit die reichste erhaltene mittelalterliche Ausstattung aller Zisterzienserklosterkirchen. Erhalten sind bis heute außer **Hochaltar** und **Kreuzaltar**: der **Altar der Kreuzigung Christi durch die Tugenden** (um 1330), der **Mühlenaltar** (um 1410, er zeigt, wie Gottes Wort im Abendmahl Gestalt annimmt, Joh 1,14), der **Corpus-Christi-Altar mit Abendmahlstafelbild** (1330) und die **Dorotheen-Tafel** (15. Jh.).

Wenn wir vom Hauptportal nach rechts in den Chorumgang gehen, finden wir zunächst den Grabstein des Lübecker Kaufmann **Peter Wise** [**1**] († 1338), einem bedeutenden Gönner des Klosters in schwerer Zeit. Gegenüber das **Literaturregal** [**2**]. In den Chorumgangkapellen befinden sich **Grablegen** des mecklenburgischen Fürstenhauses: die des **Herzogs Johann-Albrecht** [**3**] (1910), Entwurf Baurat Winter, Braunschweig; am Pfeiler das **Totenbild des Herzogs Magnus II.** [**4**], eine Rostocker Arbeit um 1520. Diese Art Totenbilder, es folgen noch zwei, sind eine Doberaner Eigenart, eigentlich Denkmäler, höchst lebendige Freifiguren, deren Aufstellung auf altes Brauchtum zurückgeht. Gegenüber eine **Doppel-Tumba** für den mecklenburgischen **Herzog Albrecht III.**, zugleich schwedischer König, und seiner ersten Frau **Richardis, geb. Gräfin von Schwerin** [**5**] (1420/30). An der Wand die Bildnisse des **Herzogs Ulrich III. von Güstrow** und seiner zweiten Frau **Anna von Pommern**. Seine erste Frau, **Elisabeth von Dänemark**, führte bereits

 Die Ziffern in Klammern verweisen auf den Grundriss Seite 31

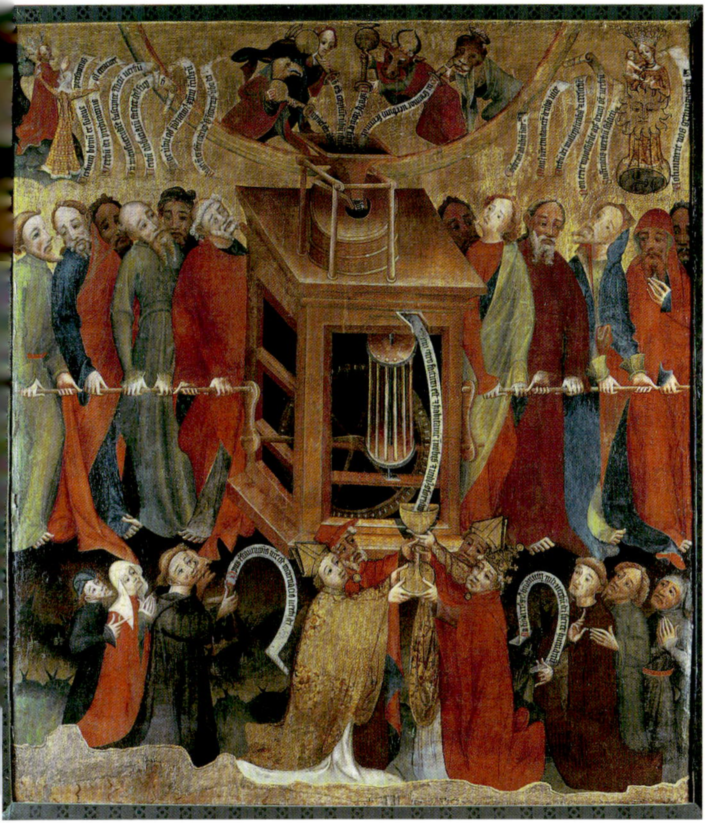

▲ *Mühlenaltar*

um 1570 mit Schülern der Stadt Güstrow in den damals öden Heidbergen Baumpflanzaktionen durch. Zwischen den beiden Ostpfeilern des Sanktuariums befindet sich die zweite mittelalterliche fürstliche Grablege, das **Oktogon** [6] (ca. 1400). Hier ruht in einer kleinen Krypta neben anderen Herzogen auch **König Albrecht**.

Gegenüber die monumentale Gruft für den **Herzog Adolf-Friedrich** und seine **Frau Anna-Maria von Ostfriesland** [**7**]. Diese Anlage im Stil der Renaissance mit barocken Anklängen schuf 1634 Julius Döteber aus Leipzig. In der nächsten Kapelle die Tumba der dänischen **Königin Margarete Sambiria** [**8**] (um 1285). Dann folgt die Grabanlage für **Samuel von Behr** [**9**], mecklenburgischer Kanzler, um 1620 von Julius Döteber gefertigt. Die **Klostermodelle** zeigen den Klosterzustand 1552. Daneben steht der **Mühlenaltar** [**10**].

Im nördlichen Kreuzschiff ist die ursprüngliche mittelalterliche Grablege des mecklenburgischen Fürstenhauses. Hier ruhen um das Grab des **Klosterstifters Pribislaw** [**11**] (beigesetzt 1219/25) die Mitglieder der Familien der Herren von Mecklenburg, Rostock und Werle. Der 1856 erneuerte **Pribislawgedenkstein** erinnert daran. Zur Zeit der romanischen Kirche war die Grablege vermutlich mit einer separaten, an die Giebelwand des nördlichen romanischen Kreuzschiffes angelehnten Kapelle (*wie in Ebrach und Heilsbronn*) überbaut. Beim Neubau des Münsters wurde diese Grablege mit integriert. Über dem Altar ein Kirchenfenster mit einem erkennbaren Anteil originalen Glases (dunklere Gläser). Darunter der Lübecker Kruzifixus von 1480. An der Orgelwand gegenüber das Gemälde des Großherzogs **Friedrich Franz I.** (von Suhrlandt 1835 gemalt). Hier nun auch die beiden Totenbilder der Herzöge **Balthasar** († 1507) und **Erich** († 1508) in Turnierrüstung.

Unter der Schuke-Orgel von 1980 befindet sich die **Bülowkapelle** [**12**] mit einer Ausmalung von 1874. Der letzte der vier Bülowbischöfe in Schwerin (Friedrich II.) hat die Kirche geweiht. Direkt neben dem Eingang zur Kapelle an der Wand der Grabstein des ersten evangelischen Predigers am Münster, **Magister Kruse** (1564–1599). Das große **Kirchenfenster** [**13**] neben der Orgel sowie das direkt gegenüber befindliche hat den größten Teil der Restbestände mittelalterlicher Glastafeln aufgenommen. Diese Gläser, die den Dreißigjährigen Krieg überstanden haben, gehen bis in die Anfänge dieser Kirche zurück. Alle anderen Fenster sind ab 1830 zum Teil nach Originalresten rekonstruiert worden. Vor dem Westfenster des nördlichen Seitenschiffes steht der **Sarkophag von Friedrich Franz I.** [**14**] († 1837). Der Sarkophag (ca.10 t) ist 1842 aus einem Granitfindling in der Schweriner Schleifmühle fertiggestellt worden. Hier beginnt die Fürstengalerie mit Niklot und Pribislaw und endet mit Herzog Christian Ludwig I. am Hauptportal. Rundum sind vor den Wänden die Grabsteine der Äbte und Donaten des Klosters angebracht.

er Konversenchor

er Bereich des Konversenchores hat in den letzten 200 Jahren immer wie-
er Veränderungen erfahren. Unter der Westwand steht der **Fürstenstuhl
er Großherzöge zu Mecklenburg** [**15**], der zum Teil in Verbindung mit
esten des Novizengestühls im 19. Jahrhundert gefertigt wurde. Zu beiden
eiten des Langhauses das Chorgestühl der Konversen – begonnen vor 1290,
unächst ohne Baldachin. Die Anfertigung der Baldachine erfolgte offenbar
nit der Umgestaltung bzw. Neubau des Gemeindegestühls um 1840. Nach
iner Nachricht von 1732 stand der **Kreuzaltar** [**16**], von seinem ursprüng-
chen Standort weggenommen, vor dem Westfenster. Das Kreuz war auf sei-
nem Balken »mitten in der Kirche« verblieben. Vor 1853 wurde es mit dem
reuzaltar unter dem Westfenster wieder vereinigt. 1976 wurde beschlossen,
len Altar mit Kreuz wieder auf seinen angestammten Platz zurückzustellen.
)avor wurde eine **Tauffünte** (1250) aus der zerstörten Marienkirche zu Wis-
nar aufgestellt.

Der Kreuzaltar ist in mancher Hinsicht ein Unikat. Auffällig ist das Kreuz als .ebensbaum hinsichtlich seiner farblichen Fassung. Die Weinblätter, aus Holz jeschnitzt, sind mit mittelalterlicher Technik farblich gefasst. Eigentümlich ist die zweiseitige Gestaltung. Der Spruch frei übersetzt lautet: »Gehst du am Kreuz Christi vorüber, bete es an, nicht das Kreuz, sondern den, den es dar-stellt.« Der berühmte Zisterzienserabt Bernhard von Clairvaux hinterließ als sein theologisches Testament: »Christus den Gekreuzigten zu lehren, das ist eigentlich meine Philosophie.« Auf der Rückseite fällt die große Maria mit Christus auf. Dieses Bildwerk korrespondiert zum ersten Bildwerk »Verkündigung an Maria« des darunter befindlichen Retabels über dem Reliquienschrein. Im Evangelium des Lukas Kapitel 1,38 antwortet Maria auf die Botschaft des Engels: »Siehe ich bin des Herrn Magd.« Das bedeutet, dass wir am Kreuz nicht die »Himmelskönigin« sehen, sondern »des Herrn Magd«, durch die Christus, der Sohn Gottes, in die Welt hineingeboren wurde. Der Kreuzaltar, der die Ereignisse um Jesus Christus und Maria durch Zitate aus den Propheten und Geschichten des Alten Testament deutet (er folgt damit methodisch dem älteren Hochaltar), kommt aus dem Werkstattkreis des Bertram von Minden, ca. 1370 (siehe DKV-Kunstführer Nr. 635).

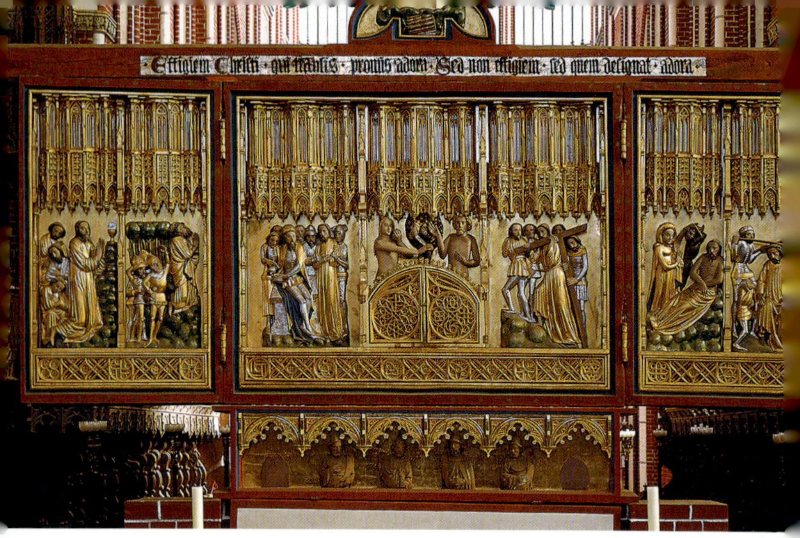

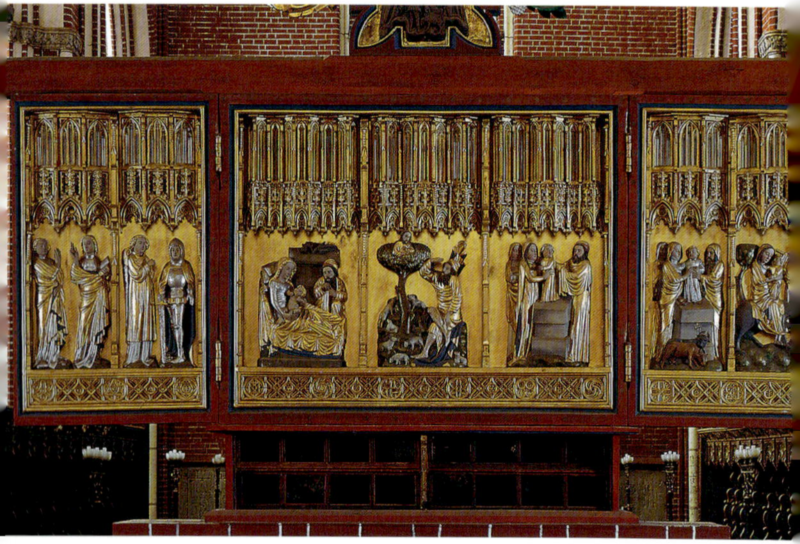

▲ *Der Kreuzaltar: Christusseite mit Predella (oben), Marienseite mit Reliquienschrein (unten)*

er Mönchschor

ie Chorstühle des Mönchschores hatten als ältesten Bestandteil zunächst ur die Sitzreihe, dann folgten bald Rückwand und Baldachin. Die Anfänge nd auf 1300 zu datieren. Das Novizengestühl fehlt. Dies wurde wohl nach 340 zugunsten der durchgehenden Bestuhlung aufgegeben. Aus dem glei-nen Grunde wie die der Verlegung des Kreuzaltares im 18. Jahrhundert steht uch heute noch die **Kanzel** [**17**] in der Mitte der Kirche. Sie wurde 1868 an ie Stelle der Renaissancekanzel gesetzt; die Bildwerke an ihr sind von Tobias Veiß aus München gefertigt.

as Sanktuarium (Hoher Chor)

as Lesepult ist von dem Doberaner Kupferschmied Steußloff um 1900 dem ildesheimer Domlesepult nachempfunden worden. Mitten im Chor hängt er **Marienleuchter** [**18**] (um 1420). Die Figur der Maria – ohne Sonne, Mond nd Sternenkrone – dürfte im lübischen Kunstkreis um 1300 entstanden ein. Es gilt als erwiesen, dass sie zunächst als Hauptbild des Hochaltares ver-vendet wurde. Als sich um 1400 das Kloster von seinem Kirchbau finanziell rholt hatte, begann es die Holzfiguren im »Ziborium« des Hochaltars durch ilberne Figuren nach und nach zu ersetzen. In Folge dessen gelangte die Marienfigur, zu einem apokalyptischen Bild umgewandelt (Offenbg. 12), in den Leuchter.

Der **Hochaltar** [**19**] ist wohl um 1300 in Auftrag gegeben worden. Die Apostelreihe hingegen dürfte unmittelbar nach der Weihe der Kirche unter-gesetzt worden sein, nachdem nämlich Papst Fabian (links außen) und der Hl. Sebastian (rechts außen) als Compatrone dieser Kirche feststanden. Neben dem Hochaltar steht das **Sakramentshaus** [**20**] (1370). Es ist 11,60 m hoch und dürfte ebenfalls unmittelbar nach der Weihe der Kirche hergestellt worden sein. Daneben der **Kelchschrank** [**21**] (um 1300). Der **Dreisitz** [**22**] oder Levitenstuhl auf der Südseite des Sanktuariums aus dem 14. Jahrhun-dert. Der Baldachin ist im 19 Jahrhundert rekonstruiert worden, nachdem das Original als Altaraufsatz der katholischen Kirche St. Helena in Ludwigslust durch Friedrich Franz I. geschenkt worden war.

Auf dem Weg zum Ausgang sehen wir an der Westwand des südlichen Seitenschiffes noch den Rest eines Hauptstückes der Ausstattung, das Zifferblatt der **astronomischen Uhr** [**23**] (um 1390).

Insgesamt bilden Architektur und Ausstattung des Doberaner Münsters ei weitgehend wohlerhaltene Einheit, so dass diese Kirche nicht zu Unrecht a eine Perle zisterziensischer Kunst und der gotischen Backsteinarchitektur a gemein gerühmt wird.

Literatur

Cordshagen, Ch. und R. Schmidt (Hg.): Kirchbergchronik, Böhlau 1997.

Lorenz, Adolf Friedrich: Doberan – Ein Denkmal norddeutscher Backstei kunst (Studien zur Architektur- und Kunstwissenschaft, Heft 2), Hensch Berlin 1958.

Gloede, Günter: Das Doberaner Münster, Ev. Verlagsanstalt Berlin 1968.

Erdmann, Wolfgang: Zisterzienser-Abtei Doberan, Die blauen Bücher, Köni stein/T. 1995.

Schöbeck, Tilo und K.-U. Heußner: Dendrchronologie in der Denkmalpfleg In: ZeitSchichten. Erkennen und Erhalten – Denkmalpflege in Deutschlan Deutscher Kunstverlag Berlin und München 2005.

Voss, Johannes und Jutta Brüdern: Das Münster zu Bad Doberan, Deutsche Kunstverlag Berlin und München 2008.

Quellen:

MUB, Mecklenburgisches Urkundenbuch, Bd. 1 ff., Schwerin 1863 ff.

Bauakten 1788 ff. Großherzogl. Finanzministerium Schwerin, jetzt Landes kirchl. Archiv, Kopie beim Verfasser.

Restaurierungsakte 1964 ff. Kopiesammlung des Verfassers.

Münster zu Bad Doberan
Evangelisch-Lutherische Kirchengemeinde
Klosterstraße 2
18209 Bad Doberan

Informationen unter Tel. 038203/62716
oder www.muenster-doberan.de

Aufnahmen: Jutta Brüdern, Braunschweig
Druck: F&W Mediencenter, Kienberg

Titelbild: *Das Münster von Südosten*
Rückseite: *Blick in das Gewölbe des Sanktuariums (Hoher Chor)*

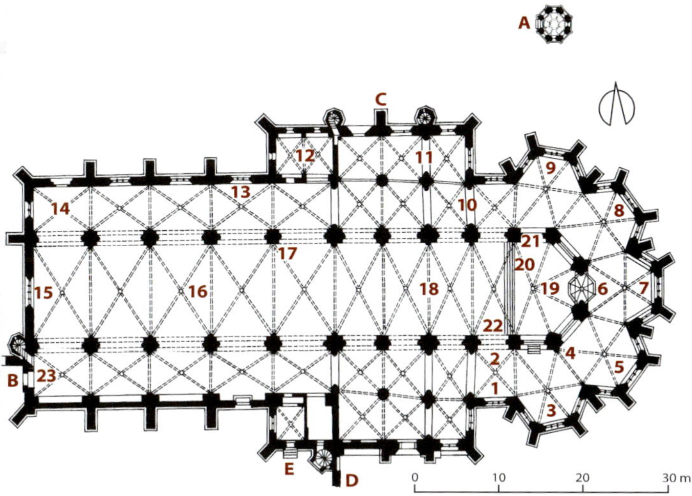

A Beinhaus
B Romanisches Portal
C Nördliches Kreuzschiff
D Rest der Klausur
E Möckelergänzung, Sakristei und Konventssaal

1 Grabstein des Peter Wise († 1338)
2 Offenes Literaturregal
3 Johann-Albrecht-Grabmal
4 Totenbild Magnus II.
5 Grabtumba Albrecht von Schweden und Richardis
6 Oktogon
7 Adolf-Friedrich-Gruft
8 Grabbild Margarete Sambiria von Dänemark und Corpus-Christi-Altar
9 Behr'sches Grabmal
10 Klostermodell und Mühlenaltar
11 Pribislawkapelle
12 Bülowkapelle
13 Mittelalterliches Glasfenster Gedenkstätte für die Opfer von Krieg und Gewalt
14 Friedrich-Franz-Sarkophag
15 Fürstenstuhl
16 Kreuzaltar
17 Bayerische Kanzel
18 Marienleuchter
19 Hochaltar
20 Sakramentshaus
21 Kelchschrank
22 Dreisitz
23 Astronomische Uhr

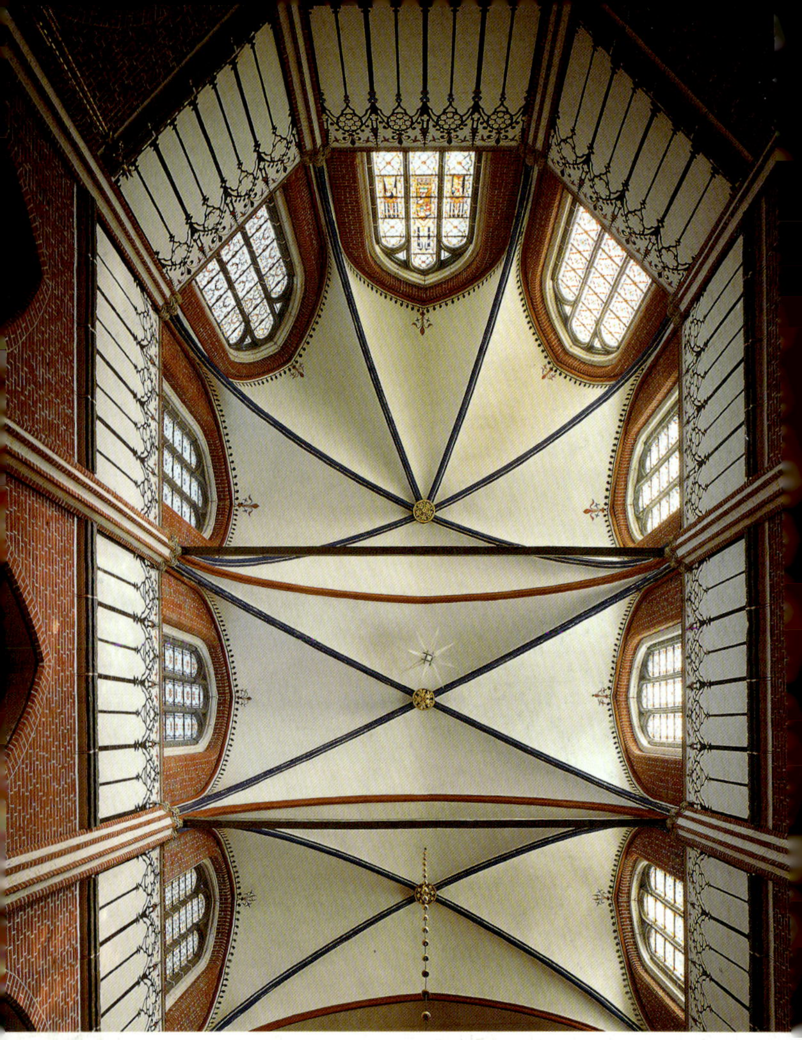

DKV-KUNSTFÜHRER NR. 408
13., überarbeitete Aufl. 2019 · ISBN 978-3-422-97995-6

Paul-Lincke-Ufer 34 · 10999 München
www.deutscherkunstverlag.de